Бог заботится обо мне

Когда никого нет рядом, куда пойти за помощью?

«Обращаю взгляд свой к горам, откуда придет мне помощь?»

(стих 1)

Я молюсь, и Бог приходит ко мне на помощь.

«Помощь мне придет от Господа,»

(стих 2а)

Он все создал на небе и на земле.

«...сотворившего небо и землю.»

(стих 2б)

Он никому
не позволит
причинить мне
вред.

«Он не позволит ноге
твоей пошатнуться,»

(стих 3а)

Он не сводит с меня глаз. Он всегда наблюдает за мной.

«Хранящий тебя не задремлет;»

(стих 3б)

Он никогда не спит и не отвлекается.

«не задремлет и не уснет.»

(стих 4б)

Он продумал все для моей безопасности.

«Господь — страж твой;»

(стих 5а)

Как тень не отделить от человека, так Бог ни на минуту не отступает от меня.

«Господь — тень твоя по правую руку твою.» (стих 5б)

Господь хранит меня днём в жару,

«Солнце не поразит тебя днем,»

(стих 6а)

Бог охраняет меня ночью, когда я сплю или гуляю при луне.

«ни луна — ночью.»

(стих 6б)

Он наблюдает за мной с того дня, когда я родился и до старости.

«Он сохранит твою душу.»

(стих 7б)

Господь знает, когда я выхожу из дома и прихожу домой.

«Господь будет хранить тебя, когда ты будешь уходить и когда будешь приходить.» (стих 8а)

Он здесь сейчас со мной и всегда будет рядом со мной.

«Отныне и вовеки.»

(стих 8б)

Больше книг в этой серии:

Опубликовано iCharacter Ltd. (Ireland)
www.icharacter.org
Составлено Агнес де Безенак
Перевод: Наталия Феррейра
Авторское право 2020.

Авторское право © 2020 iCharacter Ltd. Все права защищены. Никакая часть этой книги не может быть воспроизведена в любой форме или любым электронным или механическим способом, включая системы хранения и поиска информации, без письменного разрешения издателя или автора, за исключением случаев, когда рецензент может процитировать краткие отрывки, использованные в критических статьях или в рецензии.

www.ingramcontent.com/pod-product-compliance
Lightning Source LLC
Chambersburg PA
CBHW040011080526
44586CB00028B/2971